WUNDERWELT DER INSEKTEN

Jennifer Owen

Illustrationen von
Ian Jackson
Alan Harris

ars edition

94 93 92 91 90 5 4 3 2 1

Übersetzt und bearbeitet von Stefan Conert
Titel der Originalausgabe:
»Mysteries & Marvels of Insect Life«

Redaktion der Originalausgabe: Rick Morris
Gestaltung: Anne Sharples und Teresa Foster
Cartoons: John Shackell
Umschlaggestaltung: Atelier Langenfass, Ismaning

Printed in Great Britain

ISBN 3-7607-4542-3

Manche Schildwanzen betreiben (im Gegensatz zu den meisten Insekten) eine Brutpflege.

Der bis zu 12 cm große Goliathkäfer ist das schwerste Fluginsekt.

Dies ist kein Stachel, sondern eine Buckelzirpe.

Inhalt

Ein Siebenpunkt-Marienkäfer im gleichen Maßstab

Der größte und der kleinste Tagfalter im selben Maßstab: Königin Alexandra-Vogelfalter und Kleiner Bläuling.

Manche Raubwanzen spritzen ihren Speichel in das Beutetier und saugen es dann aus.

Der Distelfalter fliegt 5 000 km von England bis Afrika.

Ein Schnellkäfer kann bis zu 30 cm hoch springen.

Über dieses Buch

Es gibt mehr als eine Million verschiedene Insekten, etwa viermal soviel wie alle anderen Tierarten zusammen. Dieses Buch gibt eine Einführung in die außergewöhnliche Vielfalt der Insekten und schildert viele ungewöhnliche und überraschende Tatsachen über ihr Leben.

Die kleinsten Insekten können durch ein Nadelöhr kriechen, die größten sind größer und 50mal schwerer als die Etrusker-Spitzmaus, das kleinste Säugetier der Welt. Auf den folgenden Seiten werden der Erfindungsreichtum und die Tricks beschrieben, mit deren Hilfe sich die Insekten bewegen, ernähren, verteidigen und fortpflanzen. Das Buch beschreibt klebrige Käfer, einen blutsaugenden Falter, Fangschrecken auf Beutefang, Larven, die ihre Angreifer einkleistern, die Sprache der Bienen sowie Zusammenhänge zwischen Farbe und Gift bei manchen Arten.

Alle Insekten haben sechs Beine, aber nicht alle haben einen deutschen Namen: Sie werden mit einem wissenschaftlichen Namen benannt, der meist aus dem Lateinischen stammt.

Dieses Buch zeigt, warum Insekten so lange überleben konnten und daß es noch viele Arten zu entdecken und zu erforschen gibt. Die Wissenschaftler glauben, daß bisher nur ein Fünftel aller Arten bekannt ist.

Seit die Baumstämme durch Luftverschmutzung dunkler geworden sind, hat sich der dunkel gefärbte Birkenspanner durchgesetzt.

Die Larve des Ameisenlöwen baut eine Falle.

Beim Wandelnden Blatt sind die Beine einem Zweig ähnlich.

RICHTIG ODER FALSCH?

Achte auf diese Fragen, und versuche herauszufinden, ob die Behauptungen wahr sind. Die Antworten findest du auf Seite 32.

Hervorragend angepaßt

Die Insekten zeigen eine ungeheure Vielfalt in ihrem Körperbau. Sie sind seit langer Zeit hervorragend an sehr verschiedene Lebensräume angepaßt.

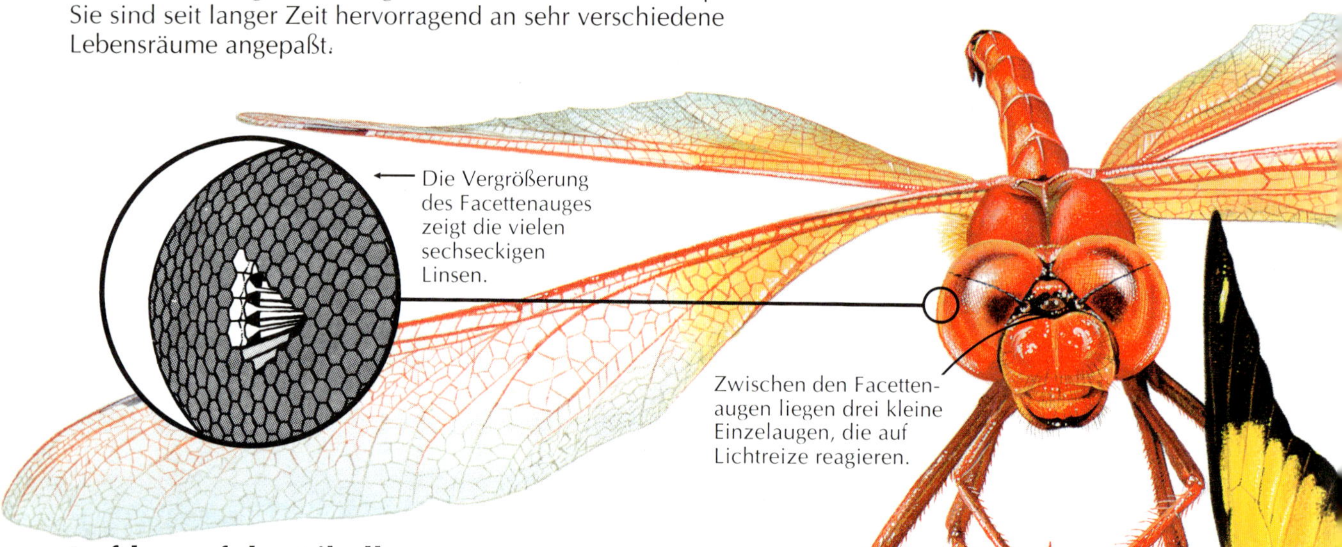

Luftkampf der Libellen ▸

Die Beine der Libelle sind dicht mit Borsten besetzt und werden während des Fluges wie ein Fangkorb nach vorn gestreckt. Ein Beutetier, das einmal ergriffen wurde, kann sich daraus nicht mehr befreien. Noch im Fluge wird es verspeist. Libellen haben riesige Facettenaugen, die aus bis zu 30 000 Einzelaugen zusammengesetzt sind. Jedes erfaßt einen anderen Ausschnitt der Umwelt.

Wasserski

Bei Gefahr gleitet der etwa 5 mm lange Kurzflügel-Käfer Stenus wie von einer Schnur gezogen über die Wasseroberfläche. Hinterleibsdrüsen geben einen Saft ab, der die Oberflächenspannung des Wassers verringert. Da diese Spannung dann vor seinem Körper größer ist als dahinter, wird der Käfer vorwärts gezogen.

▾ Halte dich fest!

Wenn der kleine, laubfressende Käfer Hemisphaerota cyanea sich bedroht fühlt, zieht er sich wie eine Schnecke um ein Blatt zusammen. Ein dünner Ölfilm zwischen den Polstern an seinen Beinen und dem Blatt hält ihn in dieser Stellung so fest, daß ein Angreifer ihn nicht abreißen kann.

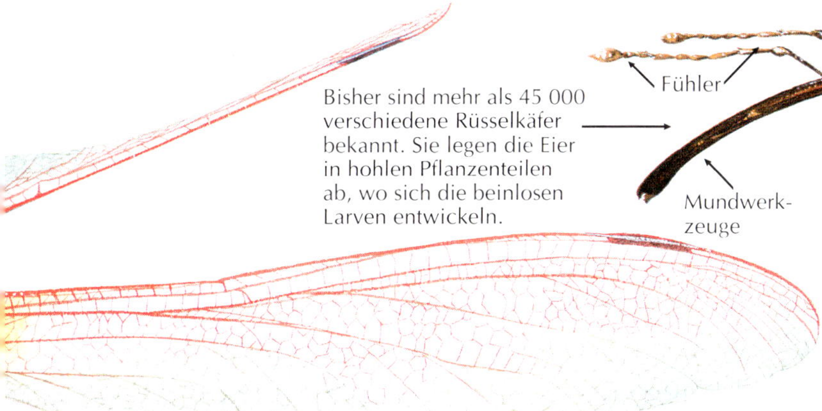

Bisher sind mehr als 45 000 verschiedene Rüsselkäfer bekannt. Sie legen die Eier in hohlen Pflanzenteilen ab, wo sich die beinlosen Larven entwickeln.

Regenbogenfarben

Die Flügel der Schmetterlinge sind mit kleinen, dachziegelartig angeordneten Schuppen bedeckt. Diese enthalten entweder einen Farbstoff (Pigmentfarben) oder sie haben eine besondere Struktur, durch die sie im Licht schillern (Strukturfarben).

Bei diesen vergrößerten Schuppen haben die orange- und purpurfarbenen Teile Pigmentfarben. Die übrigen werfen blaues oder grünes Licht zurück und zeigen Strukturfarben.

Morphofalter

Beim Flug ändern sich die Strukturfarben ständig.

Zwei Bilder eines schillernden Flügels. Die Farbe ist abhängig vom Lichteinfall.

Ein starker Bohrer ▶

Der Kopf des Rüsselkäfers ist stark verlängert und hat am Vorderende die Mundwerkzeuge. Bei manchen Arten ist dieser »Rüssel« so lang wie der übrige Körper. Die Kiefer sind bei einigen Tieren so stark, daß sie selbst Haselnüsse durchbohren können.

Einmal Luft bitte

Wasserkäfer - wie der Taumelkäfer oder der Gelbrandkäfer - kommen regelmäßig mit ihrem Hinterleib an die Wasseroberfläche und tanken Luft. Sie legen zwischen den Flügeldecken und dem Hinterleib eine Luftblase an, die unter Wasser längere Zeit vorhält. Andere Insekten haben eine Atemröhre; bei der Rattenschwanzlarve kann diese sogar lang ausgefahren werden.

Der Wasserskorpion hat eine lange Atemröhre.

Manche Wasserkäfer haben eine Luftblase unter ihren Flügeln.

Die Atemröhre der Rattenschwanzlarve ist 27 cm lang.

Erdhummeln haben eine eingebaute Zentralheizung.

Farbwechsel

Viele Insekten haben eine wirkungsvolle Art, ihre Verfolger zu täuschen. Sie nehmen die Form oder die Farbe von anderen Gegenständen an.

Falter mit zwei Köpfen? ▶

Zipfelfalter haben an den Hinterflügeln dünne Anhänge, die einen Kopf vortäuschen. Wenn die Tiere landen, bewegen sich die langen Zipfel wie richtige Fühler. Vögel, die den Zipfelfalter verfolgen, verwechseln deshalb oft Hinterteil und Kopf, wenn sie zupacken. Der Falter fliegt plötzlich auf und kommt mit leicht beschädigten Flügeln davon.

Der nachahmende Schwalbenschwanz ▼

Die Vögel lernen schnell, welcher Schmetterling giftig ist oder einen widerlichen Geschmack hat. Sie lassen ihn nach einigen Versuchen in Ruhe. Manche harmlosen Schmetterlinge - z.B. die Weibchen dieses Schwalbenschwanzes - ahmen in Form und Farbe einen giftigen Falter nach und sind dadurch geschützt - im Gegensatz zu den Männchen dieser Art.

Merkwürdige Raupen ▶

Schmetterlingsraupen sind für einen Vogel ein fetter Happen. Die Raupen wehren sich deshalb auf sehr geschickte Art. Manche sehen wie Vogelkot auf einem Blatt aus, andere ähneln einem Ast. Die Raupe des Buchenspinners dagegen spritzt eine Säure aus, vor der ein Vogel zurückschreckt.

Sorgfältig getarnt ▼

Vögel erinnern sich, von welchen Insekten sie gestochen wurden. Sie meiden deshalb vor allem die Farben Gelb und Schwarz, denn diese bedeuten: Warnstufe 1!

Der harmlose, in Europa und Nordamerika verbreitete Hornissenschwärmer ähnelt einer Wespe.

Der behaarte Prachtkäfer ist auch im Flug einer Wespe ähnlich, denn er legt die Flügeldecken über den Rücken.

Ein farbiger Blitz

Auch die beste Tarnung hilft nicht, wenn der Räuber seine Beute einmal entdeckt hat. Aber ein plötzlicher Farbwechsel des angegriffenen Tieres kann abschrecken und der Beute eine Sekunde Zeit geben zu verschwinden.

Eine flügellose Australische Gebirgs-Heuschrecke zeigt ihren hellen Körper.

Gefährliche Blüten ▶

Die Fangschrecken liegen zwischen Blüten auf der Lauer und warten auf Insekten. Die Tiere sind ihrer Umgebung hervorragend angepaßt: Gelbgrüne Fangschrecken sitzen zwischen gelbgrünen Blüten, rosa Tiere zwischen rötlichen Blüten. Anhänge an Körper und Beinen machen die Tarnung perfekt.

Blütenbewohnende Gottesanbeterin mit ihrer Beute, einem Schmetterling.

Bei Erregung spritzt die Raupe des Gabelschwanzes aus einer Drüse unter dem Kopf eine scharfe Flüssigkeit aus. Dunkle »Augenflecken« lassen den Kopf größer erscheinen.

Die Gabel sondert ein stinkendes Sekret ab.

Auf Zebras leben schwarzweiß gestreifte Fliegen.

Fressen und gefressen werden

Die in mehr als einer Million Arten vorkommenden Insekten haben fast alle Lebensräume der Erde besetzt, und es gibt kaum ein Lebewesen, das ihnen nicht als Nahrung dient.

Froschschenkel ▶

In den USA gibt es Bremsen, deren Larven am Rande von Teichen im Schlamm vergraben sind und auf einen jungen Krötenfrosch warten. Die Larve ergreift die Beute mit den Kiefern und lähmt den Frosch mit einem langsam wirkenden Gift. Sie vergräbt ihn im Schlamm und saugt ihn aus. Die ausgewachsenen Bremsen werden dagegen oft von erwachsenen Fröschen verzehrt.

Der junge Frosch und die Bremsenlarve sind beide etwa 2 cm groß.

Die Larve ist eine Zwischenstufe zwischen Ei und ausgewachsener Bremse.

Alles Mist

Dungkäfer vergraben den Kot von grasenden Säugetieren und legen ihre Eier darin ab. Sie riechen den Dung, kaum daß er auf den Boden gefallen ist. Ein einziger Kotballen eines Elefanten könnte für 7 000 Käfer reichen, und es dauert nur 1-2 Tage, bis er von den Käfern vergraben ist.

Der Käfer rollt den Kotballen mit den Hinterbeinen.

▼ Heute gibt es Sonnentau

Der Sonnentau fängt kleine Insekten, die sich auf seine Blätter setzen. Sie kleben an den gestielten Drüsen fest und werden dort verdaut. Nur den Raupen einer in Florida (USA) verbreiteten Federmotte macht das nichts aus. Leicht ablösbare Schuppen verhindern, daß das Weibchen bei der Eiablage festklebt. Die Raupen lecken die klebrigen Tropfen auf und verzehren die Drüsen.

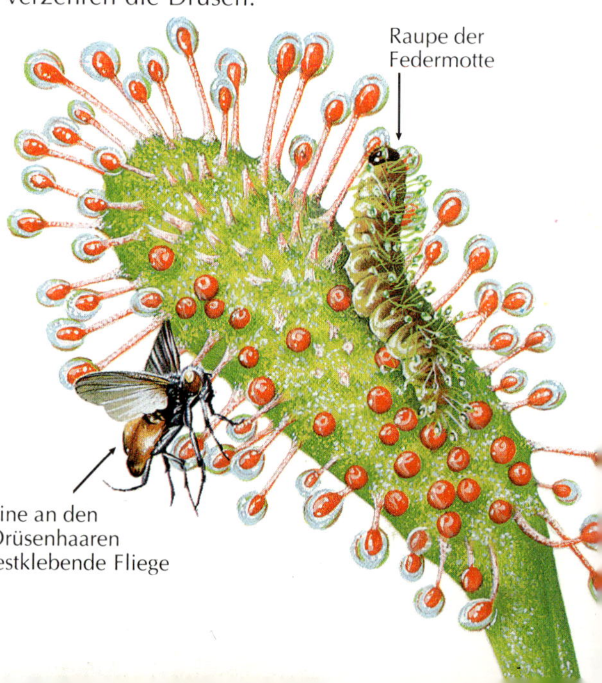

▼ Steinlecker

Die Männchen einiger Schmetterlinge - z.B. des Schillerfalters und des Admirals - sieht man manchmal auf trockenen Steinen sitzen. Man vermutet, daß sie dort Salz aufnehmen. Warum tun das nur die Männchen? Sie übertragen bei der Begattung zusammen mit den Keimzellen eiweißhaltige Nährstoffe, die sie danach wieder ergänzen müssen. Amerikanische Wissenschaftler haben herausgefunden, daß dazu die Zufuhr von Salzen notwendig ist.

Der Falter feuchtet den Stein an und saugt diese Stelle dann trocken.

Der Kampf der Giganten ▼

Die giftige Vogelspinne mißt bei ausgestreckten Beinen bis zu 20 cm. Ihr größter Feind ist der Spinnentöter. Diese Wegwespe hat nur eine Flügelspannweite von 10 cm, aber den Kampf mit der Spinne gewinnt sie.

◀ Wenn das Weibchen eine Vogelspinne entdeckt hat, gräbt es ein Loch, ohne die Spinne aus den Augen zu lassen.

Zwischen Spinnentöter und Vogelspinne kommt es zu einem erbitterten Kampf. Schließlich bringt die Wespe ihren Stich an, der die Spinne lähmt. ▶

◀ Die Wespe zieht die gelähmte, aber nicht getötete Spinne in das Erdloch.

Nachdem sie ein Ei an der Spinne abgelegt hat, vergräbt die Wespe die Spinne. Diese wird später von den Larven verzehrt. ▶

Ein Vampir ▶

Es gibt wahrscheinlich mehr als 200 000 Arten von Schmetterlingen und Nachtfaltern, aber unter ihnen nur eine einzige Art, die Blut saugt. Dieser ganz ungefährlich aussehende Nachtfalter lebt in Malaysia. Er spürt Tapire, Büffel und andere Säugetiere auf und saugt eine ganze Stunde lang ihr Blut. Die Abbildung zeigt, wie er mit seinem Rüssel die Haut durchbohrt.

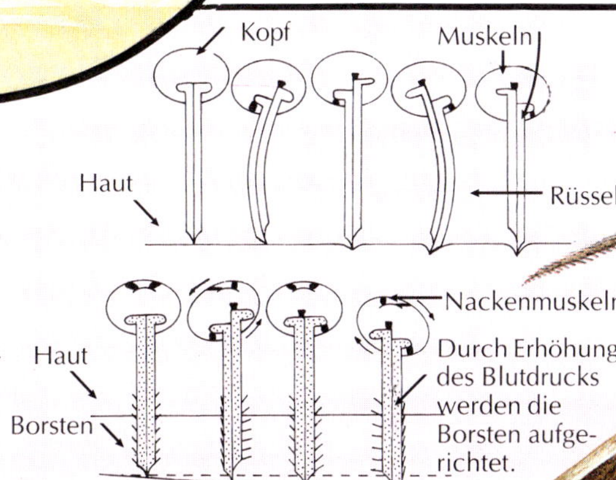

Der Rüssel besteht aus zwei Hälften. Durch Hin- und Herbiegen werden sie abwechselnd gegen die Haut gepreßt, bis schließlich eine die Haut durchbricht.

Ruckartige Kopfbewegungen strecken den Rüssel und treiben ihn in das Fleisch.

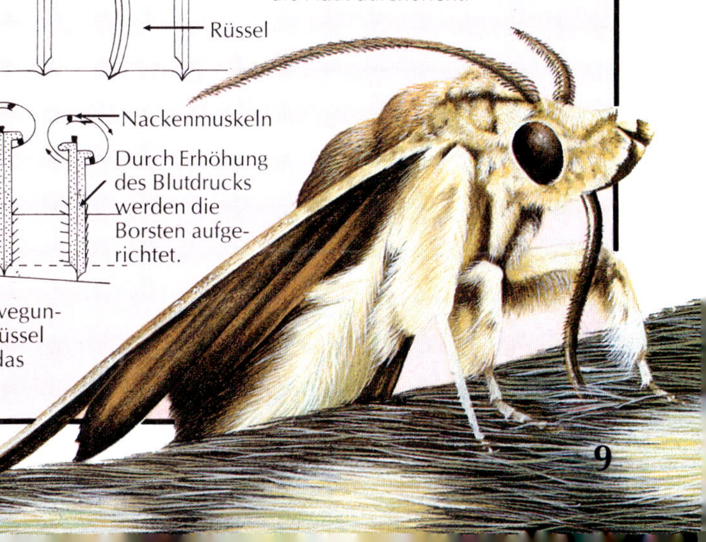

Chemische Waffen

Chemische Waffen sind bei den Insekten weit verbreitet und dienen zum Angriff wie zur Abwehr. Viele Tiere zeigen das durch Farben an. Die Kombination gelb-schwarz oder rot-orange bedeutet: Faß mich nicht an!

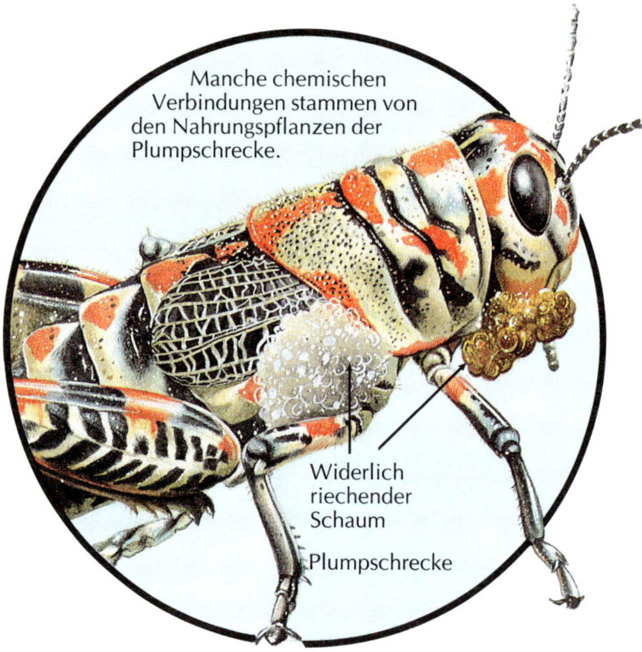

Mit schäumendem Maul ▸

Die flügellose Plumpschrecke ist ein großes, sich langsam bewegendes Tier. Wenn sie bedroht wird, sondert sie aus dem Rachen und aus den Gelenken des Vorderkörpers einen widerlich riechenden Schaum ab. Darin sind Phenole und Chinone enthalten, die es auch bei vielen anderen Insekten als Abschreckungsmittel gibt.

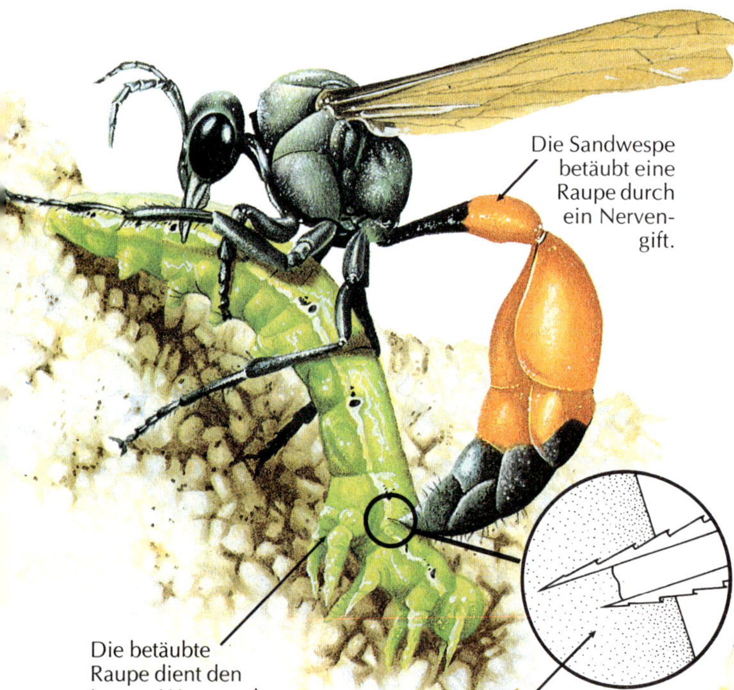

◂ Ein schmerzhafter Stich

Der Stachel der Ameisen, Wespen und Bienen ist eine umgebildete Legeröhre und steht mit einer Giftdrüse in Verbindung. Mehr als 50 verschiedene Chemikalien sind im Gift dieser Tierarten bisher festgestellt worden. Manche bewirken Jucken, Anschwellungen und Verfärbungen, andere zersetzen die Zellen. Die Honigbiene kann ihren Stachel nicht wieder aus der Haut des Gestochenen zurückziehen. Der Stachel hat Widerhaken und reißt die Giftblase aus dem Hinterleib heraus - die Biene stirbt.

Mit Bomben und Granaten

Der Bombardierkäfer spritzt dem Angreifer aus dem Hinterleib eine Chinonlösung entgegen. In je einer Kammer bewahrt er Hydrochinone und Wasserstoffperoxid auf. In einer dickwandigen »Verbrennungskammer« werden diese Verbindungen zusammengebracht, und durch den entstehenden Überdruck wird die Flüssigkeit ausgestoßen. Hierbei entsteht eine Temperatur von etwa 100° C.

Der Handstand ▶

Wenn er angegriffen wird, macht der Schwarzkäfer einen Handstand. Er richtet seinen Körper im Winkel von 45° auf, zielt mit der Spitze seines Hinterleibes auf den Angreifer und besprüht ihn mit einer stinkenden Flüssigkeit. Diese Käfer sind langsamer als der Bombardierkäfer und werden deshalb nicht selten von ihren Feinden ergriffen, bevor sie zur Abwehr kommen.

Die Grashüpfermaus entwaffnet den Käfer. Sie rammt seinen Hinterleib in den Sand und frißt ihn vom Kopf her auf.

Nichts als Haare

Die Raupe des Wollafters ist mit Haaren besetzt, die bei manchen Menschen einen Hautausschlag bewirken. Die Weibchen des Falters streuen diese Haare zum Schutz über das Gelege.

Nahrung als Waffe ▶

Die Larven mancher Sägewespen fressen Kiefernnadeln und speichern deren stark riechende Resine in besonderen Taschen, die hinter dem Kopf münden. Bei Bedrohung scheidet die Larve einen klebrigen Tropfen aus, dann krümmt sie sich zusammen und verkleistert Kopf und Beine des Angreifers.

Die Larve einer Sägewespe verkleistert eine Ameise.

Der Bombardierkäfer kann die Flüssigkeit in jede Richtung sprühen.

Marienkäfer beißen, wenn sie gestört werden.

Die Hochzeit der Tiere

Bei den Insekten gibt es viele Möglichkeiten, einen Partner zur Paarung zu finden, seine Aufmerksamkeit zu erregen und ihn von der Flucht oder gar vom Angriff abzuhalten.

Bei der Paarung streichelt er ...

Zarte Annäherung ▶

Das Männchen des Königin-Falters hat zur Paarungszeit an seinen Hinterflügeln zwei kleine Haarbüschel. Mit diesen Haaren überträgt es einen besonderen Stoff auf die Fühler des Weibchens, um es paarungsbereit zu machen. Bald darauf findet die Hochzeit statt.

Die beiden Haarbüschel sind außerhalb der Paarungszeit im Hinterleib verborgen.

Giftzwerge ▶

Wenn die Männchen der Bella-Eule um ein Weibchen streiten, gewinnt immer das giftigste Tier. Die Duftstoffe der Männchen entstehen bereits im Larvenstadium, wenn die Raupen giftige Pflanzenteile fressen. Die Duftstoffe des erwachsenen Falters sind umso stärker, je mehr giftige Samen und andere Pflanzenteile die Raupe verzehrt hat.

Kopf ab!

Die Weibchen der Fangschrecken sind so gierige Räuber, daß sie während der Paarung ihr eigenes Männchen auffressen. Sie beißen ihm den Kopf ab, während das Männchen mit den Paarungsbewegungen fortfährt, und fressen schließlich den ganzen Körper. Die Weibchen brauchen viel Eiweiß für die zahlreichen Eier. So dient sogar der Körper des Männchens der Erhaltung der Art.

Ein Hochzeitsgeschenk ▼

Werbung und Paarung sind für das Männchen gefährlich, wenn es sich um eine Art handelt, die Insekten verzehrt. Die Männchen der Tanzfliege überreichen dem Weibchen vor der Paarung ein Beutetier, um die Partnerin abzulenken. Manche verpacken es sogar in Seide.

Während sich das Weibchen mit der Beute beschäftigt, beginnt das Männchen mit der Paarung.

Bei nektarfressenden Arten überreicht das Männchen ein leeres Gespinst - eine rituelle Handlung.

Eine böse Überraschung ▼

Männchen und Weibchen der Leuchtkäfer locken und finden sich durch Lichtsignale. Jede Käferart hat dabei ihre eigenen Blinkzeichen. Bei der räuberisch lebenden Gattung Photiurus ahmen die Weibchen die Blinkzeichen einer Photinus-Art nach. Wenn sich ein Männchen dieser Art nähert, stürzt sich das Weibchen blitzschnell darauf.

Sie antwortet dem Männchen durch Lichtsignale.

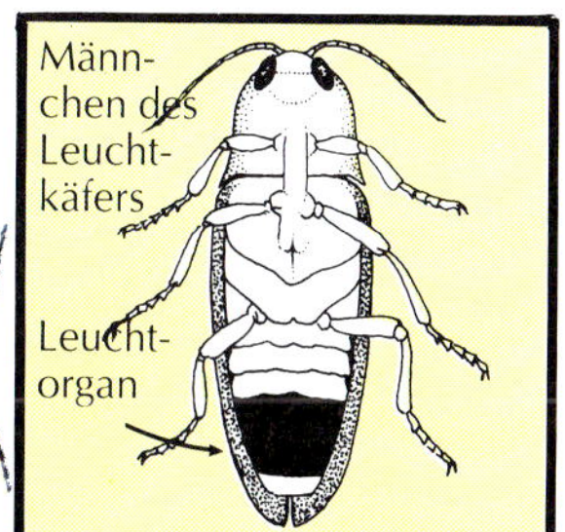

Männchen leuchten stärker als Weibchen.

Wunderbare Verwandlung

Bei den Feldheuschrecken schlüpfen Larven aus den Eiern, die den erwachsenen Tieren weitgehend ähnlich sind. Aber sie haben noch keine Flügel und keine Geschlechtsorgane; diese werden später ausgebildet. ▶

Bei anderen Insekten - z.B. bei Käfern und Fliegen - sehen die aus den Eiern geschlüpften Larven den fertigen Tieren überhaupt nicht ähnlich. Die Raupe frißt ununterbrochen, wächst schnell heran und häutet sich mehrmals. Zuletzt verwandelt sie sich in eine Puppe, aus der das fertige Tier schlüpft. ▼

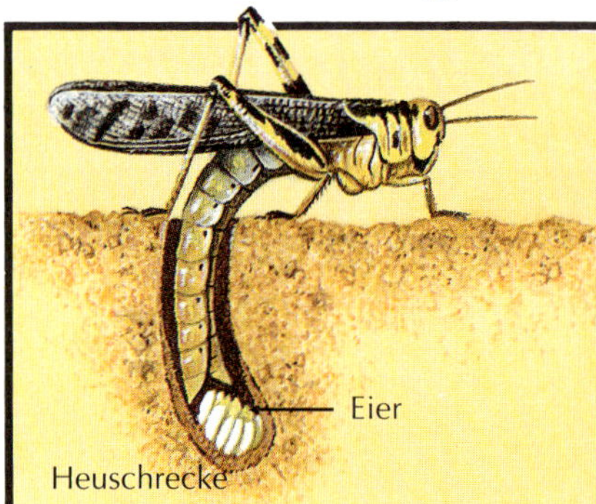

Die Heuschrecke legt ihre Eier im Boden ab. Aus jedem Ei schlüpft eine Larve.

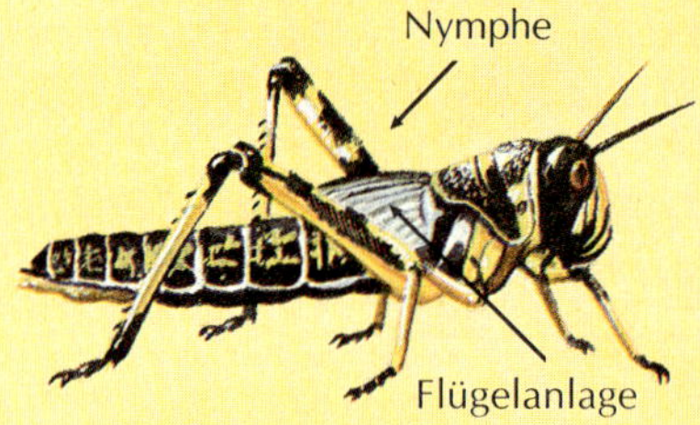

Eine Larve, bei der die Flügelanlagen bereits ausgebildet sind, nennt man Nymphe.

Nach der letzten Häutung sind auch die Flügel ausgebildet, und die Tiere sind paarungsbereit.

Marienkäfer

Nach der Paarung legt das Weibchen die Eier auf einem Blatt ab.

Die aus dem Ei geschlüpfte Larve ernährt sich von Blattläusen.

Die ausgewachsene Larve verpuppt sich, und eingeschlossen in der festen Puppenhülle entsteht der Marienkäfer.

Wenn die Puppenhaut aufreißt, kommt ein fertig ausgebildeter Marienkäfer heraus, der geschlechtsreif ist.

▼ Der Sackspinner

Sackspinner sind Schmetterlinge, bei denen sich die Raupen sogleich nach dem Schlüpfen ein Gehäuse bauen. Meist besteht es aus Pflanzenteilen, bei manchen Arten aber auch aus Gespinst. Nach dem Puppenstadium schlüpfen die Männchen aus dem Gehäuse und fliegen umher. Die wurmförmigen Weibchen bleiben dagegen in ihrem Gehäuse. Sie haben weder Flügel noch Beine. Mit Duftstoffen locken sie die Männchen an.

Die Raupe dieses nordamerikanischen Sackspinners ernährt sich von Blättern.

Ein Männchen des malaiischen Sackspinners paart sich mit dem Weibchen, das im Gehäuse steckt.

Ein bewegliches Nest ▶

Bei manchen Riesenwanzen kleben die Weibchen ihre Eier auf dem Rücken der Männchen fest und fliegen weg. Die Männchen bleiben so lange zurück, bis die Larven aus den Eiern geschlüpft sind. Die hier abgebildete Art wird etwa 5 cm lang, aber es gibt andere, die noch größer sind. Manche Riesenwanzen legen ihre Eier auch auf Wasserpflanzen ab.

Die Schöne und das Biest

Die Larven der Libellen leben im Wasser und sind gefährliche Räuber. Sie erbeuten sogar Kaulquappen, kleine Fische und Frösche. Sie schwimmen umher, indem sie plötzlich Wasser aus ihrem Enddarm ausstoßen und dadurch einen Rückstoß erzeugen.

Alle auf einmal

Die Siebzehnjahr-Zikaden in den Oststaaten der USA leben 17 Jahre lang als Larven in der Erde (im Süden 13 Jahre) und fressen Baumwurzeln. Alle Zikaden kommen zur gleichen Zeit an die Oberfläche, paaren sich, legen Eier und sterben schon nach wenigen Wochen. In den nächsten 17 Jahren ist keine Zikade mehr zu sehen.

Die Puppe in der Puppe

Manche Blattlaus-Arten vermehren sich den größten Teil des Jahres hindurch durch Jungfernzeugung. Die Eier entwickeln sich ohne Befruchtung im Körper des Weibchens zu einer Larve, und auch bei dieser beginnt schon die Entwicklung der nächsten Generation. Bei der Geburt der Larve ist die Blattlaus also schon Großmutter.

Ein königlicher Haushalt

Die Bildung von Staaten gibt es bei zwei verschiedenen Insektengruppen: bei den Termiten und den Hautflüglern (Ameisen, Bienen, Wespen). Diese Insekten bauen Nester, in denen nur bestimmte Weibchen - die Königinnen - Eier legen. Alle Tiere des Staates stammen also von einer Königin ab. Die meisten Tiere sind unfruchtbare Arbeiterinnen. Die Königin gibt bestimmte Duftstoffe ab, mit denen sie alle Vorgänge im Staat steuert und ihn zusammenhält.

Die Königin sitzt in der Mitte des Bienenschwarmes.

Ein Bienenschwarm kann sich überall festsetzen, sogar in einem Briefkasten.

Großer Umzug ►

Ein neuer Bienenstaat entsteht, wenn Tausende von Arbeiterinnen zusammen mit der bisherigen Königin den alten Bienenstock verlassen. Vor ihrem Abflug schikken sie Kundschafter aus, die einen günstigen Platz suchen. Sie kehren in den Stock zurück und teilen ihren Fund durch einen »Tanz« mit. Einige Stunden später erfolgt der Auszug.

RICHTIG ODER FALSCH?

Bienen bereiten ihrer Königin besondere Speisen zu.

Raufbolde ▲

Bei den Feldwespen gibt es eine genau festgelegte Rangordnung. Die ranghöhere Wespe zwingt ihre untergeordnete Schwester, Nahrung auszuwürgen. Damit werden die Königin und die Larven gefüttert.

Das Wespennest ►

Die Echten Wespen bauen ihr etwa fußballgroßes Nest aus einem Brei von zerkautem Holz und Speichel. Ein Nest besteht aus mehreren Wabentellern, die von einer papierartigen Hülle umgeben sind. Es enthält bis zu 12 000 sechskantige Zellen. Im Gegensatz zur Honigbiene geben die Wespen ihr Nest im Herbst auf und bauen im nächsten Frühjahr ein neues – manchmal sogar in einer Erdhöhle.

Wespen machen keinen Honig. Sie füttern ihre Larven mit einem Brei von zerkauten Insekten.

Gut ausgebildet

Die Arbeiterinnen der Honigbiene sind noch schwach, wenn sie aus der Puppenhülle geschlüpft sind. Sie führen dann nur leichte Arbeiten aus. Vom 6. Tag an füttern sie die Larven, zu dieser Zeit sind ihre Speicheldrüsen tätig. Am 12. Tag beginnen ihre Wachsdrüsen zu arbeiten, und die Bienen bauen neue Waben. Erst vom 26. Tag an verlassen die Arbeiterinnen den Stock und sammeln Nahrung. Sie werden 6-8 Wochen alt, eine Königin bis zu 5 Jahren.

Die Arbeiterinnen säubern anfangs den Stock, füttern die Larven und bauen neue Zellen. Später bewachen sie die Brut, und zuletzt tragen sie Pollen und Nektar ein.

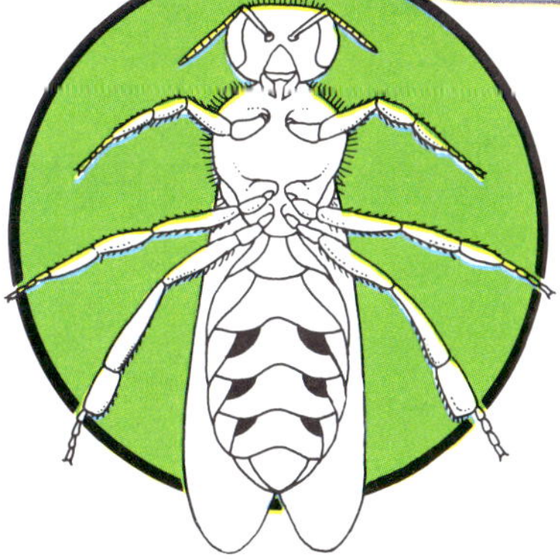

Wachsdrüsen der Honigbienen

Etwas für Regentage

Nahe am Eingang ihres unterirdischen Nestes baut die Hummelkönigin einen Honigtopf. Sie füllt ihn mit Nektar als Vorrat für regnerische Tage. Die ersten Arbeiterinnen zieht sie selbst auf. Wenn es zu kühl ist, wärmt sie die Puppen mit ihrem Körper.

Hummeln legen ihr Nest oft in verlassenen Mauselöchern an.

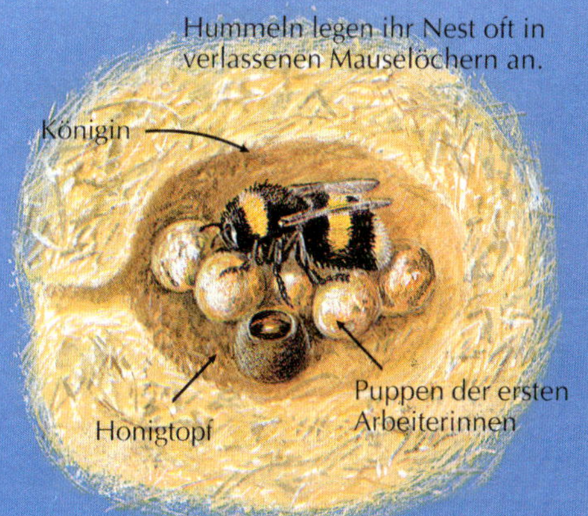

Ein Königreich ►

Bei den Termiten gibt es verschiedene Kasten: Königin und König sind fruchtbar, Arbeiter und Soldaten werden von unfruchtbaren Männchen und Weibchen gebildet. Die Königin ist zuerst nicht größer als der König, aber bald schwillt sie stark an. Bei einer afrikanischen Art wird sie bis zu 100 mm lang und legt täglich etwa 30 000 Eier. Die Königin kann über 15 Jahre alt werden. Sie wird ständig von Soldaten bewacht, da sie völlig wehrlos ist.

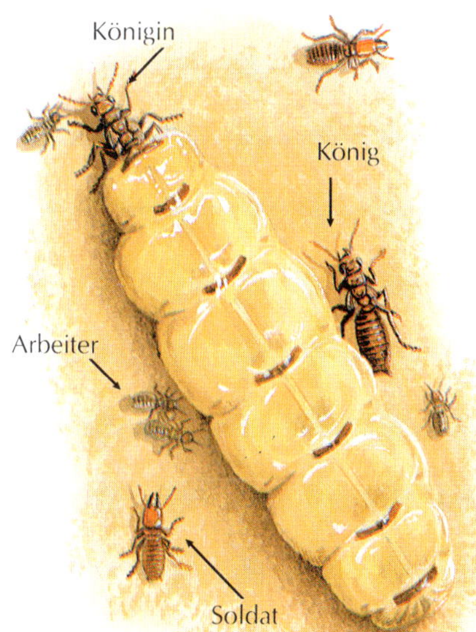

Königin und König verlassen die Königskammer nicht.

Weber, Schneider, Bauern und Soldaten

Bei den staatenbildenden Insekten gibt es innerhalb des Nestes eine Arbeitsteilung. Die Tiere haben verschiedene Aufgaben, aber alle arbeiten zur Erhaltung des Staates zusammen. Bei der Beschaffung und Speicherung der Nahrung gibt es dabei ganz merkwürdige Wege, die man nur bei diesen Insekten findet.

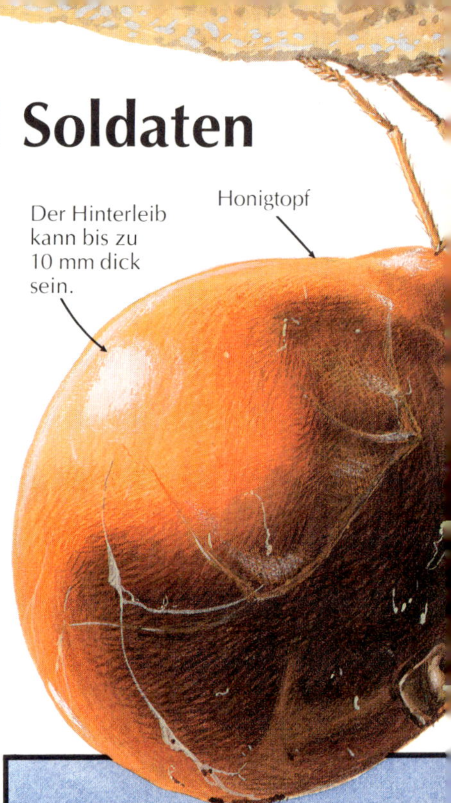

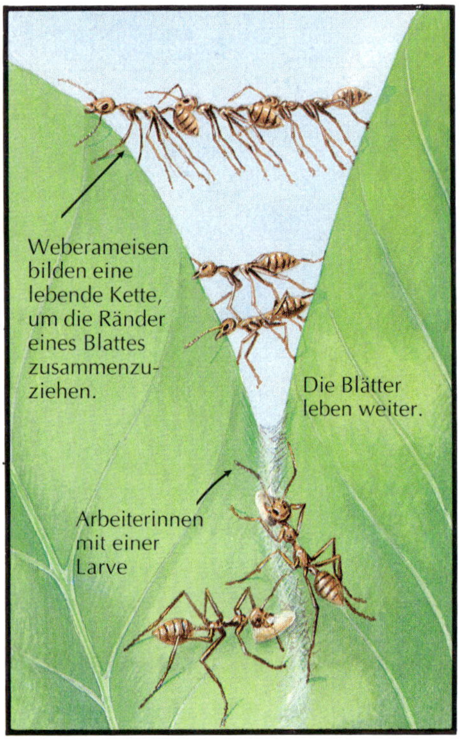

◀ Weber

Weberameisen nähen Blätter zu einem Nest zusammen und verwenden dazu Fäden, die aus dem Speichel ihrer Larven gebildet werden. Mehrere Arbeiterinnen halten sich an den Blatträndern fest und ziehen diese mit ihren kräftigen Kiefern zusammen. Andere Tiere haben eine Larve gepackt und bewegen sie zwischen den Blatträndern hin und her, bis diese mit den Seidenfäden verklebt sind. Weberameisen gibt es in Afrika, Südostasien und Australien.

Schneider ▶

Die Arbeiterinnen der Blattschneiderameisen sind gegen eine räuberisch lebende Biene wehrlos, wenn sie Blätter zerschneiden und die Teile transportieren. Kleinere Ameisen begleiten sie deshalb bei ihrer Arbeit und vertreiben die Plagegeister. Die Schneiderameisen schleppen die Blattstücke in ihr Nest.

Im Nest werden die Blattstücke zerkaut und mit Speichel vermischt. Auf diesem Komposthaufen wachsen winzige Pilze, die von den Ameisen verzehrt werden.

Ein Schnitt durch das Termitennest zeigt die Kammer der Königin, das Belüftungssystem und die Pilzgärten.

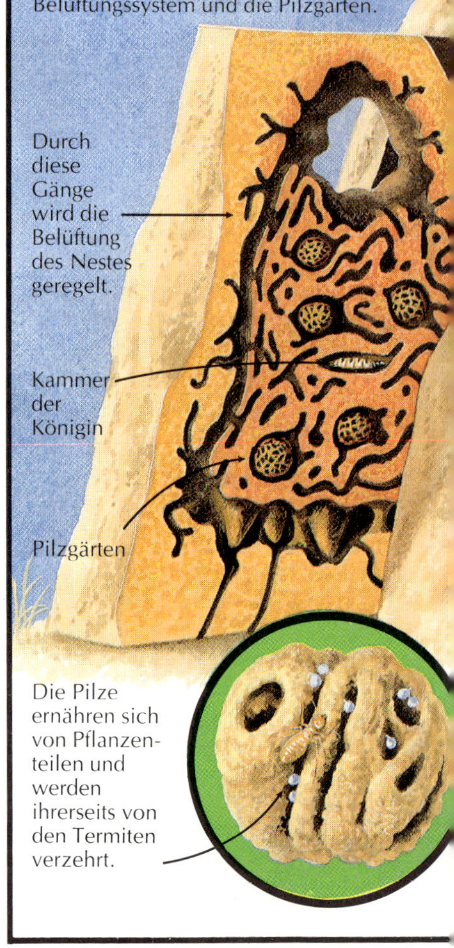

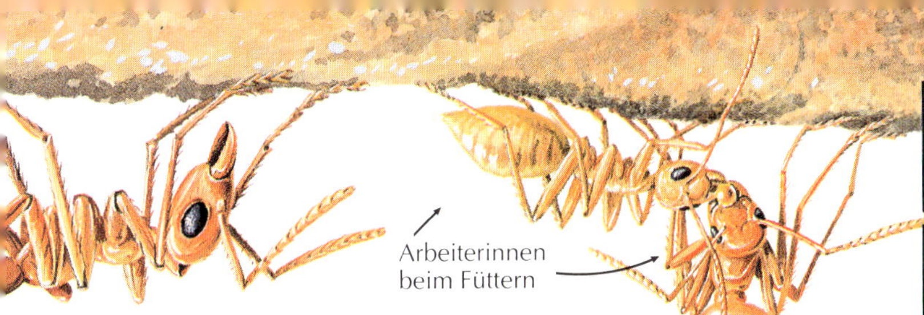

Die Honigtöpfe sind in Mexiko und bei den Eingeborenen Australiens sehr beliebt. In einem Nest können 300 Honigtöpfe sein.

Ein lebender Topf ▲

Wüstenameisen speichern den Honigtau auf ganz merkwürdige Weise: Sie füttern junge Arbeiterinnen ununterbrochen mit Nektar, bis deren noch weicher Hinterleib zu einer großen Kugel anschwillt. Wie Schinken in der Räucherkammer hängen diese Honigtöpfe in Reihen von der Decke herab. Wenn es keine andere Nahrung gibt, werden die Honigtöpfe geleert und schrumpfen zusammen.

Soldaten

Die »Kiefersoldaten« im Termitenstaat haben große Köpfe und starke Kiefer, mit denen sie das Nest gegen Eindringlinge verteidigen. Anders ist es bei den Staaten mit »Nasensoldaten«. Sie haben eine Stirndrüse, die einen klebrigen Saft absondert. Dieser Saft wird einem Feind als feiner Strahl entgegengespritzt.

Die Nasensoldaten haben einen Hundertfüßer gestellt. Arbeiterinnen beißen ihn tot.

Baumeister

Manche Termiten bauen aus Sand und Lehm riesige, steinharte Erdnester. Das bisher größte wog 11 750 t. Korn um Korn wurde diese Masse zusammengetragen und mit Speichel verklebt. Solche Erdnester können oberirdisch oder unterirdisch angelegt sein und haben je nach Bodenart, Niederschlagsmenge und Tierart eine andere Form.

Dieses Erdnest hat die Form eines Hutpilzes.

Erdnester der australischen Kompaßtermiten. Die beiden Seiten des Daches zeigen nach Osten bzw. Westen, um möglichst viele wärmende Strahlen der auf- und untergehenden Sonne aufzufangen.

▼ Bauern

Erntetermiten zerbeißen Grasblätter in kurze Stücke und speichern sie in ihren warmen, feuchten Nestern, die im Boden liegen und eine gleichmäßige Temperatur haben. Ernteameisen sammeln dagegen Samen und kleine Früchte und lagern sie in unterirdischen Vorratskammern ihres Nestes. Dort werden sie bei Bedarf zerkaut.

Stücke von Grasblättern werden in kleinen Kuppelnestern gespeichert. Wenn die Teile trocken sind, werden sie zum Nest gebracht.

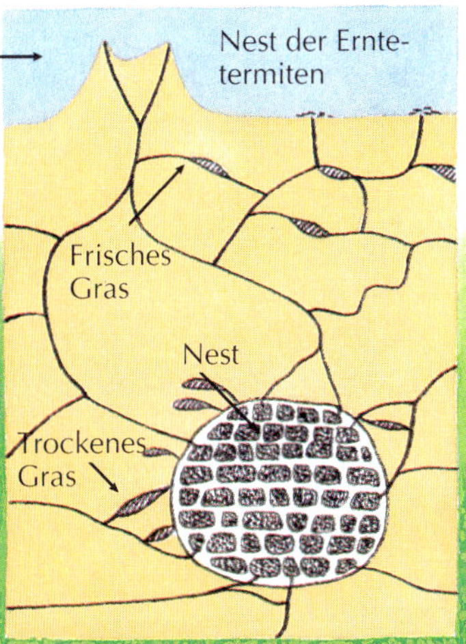

Eine Ernteameise trägt eine Frucht.

Finden, Erkennen und Täuschen

Düfte, Farben und Geräusche werden von den Insekten benutzt, um Angehörige der eigenen Art zu finden, zu erkennen und zu informieren. Sie werden auch bei der Verteidigung und beim Verbergen angewendet.

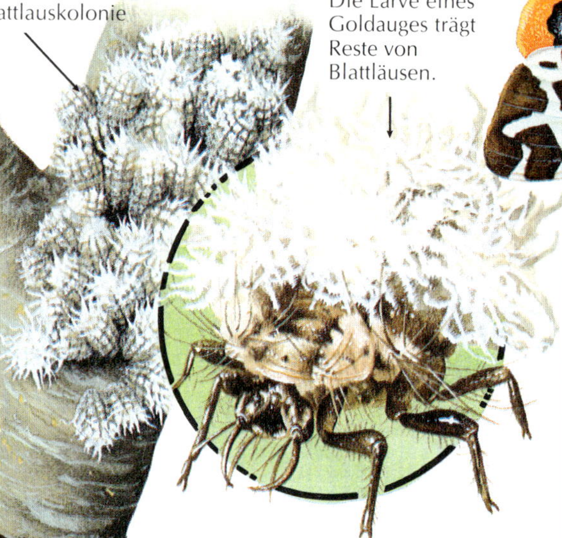

Ein Wolf im Schafspelz

Zu den größten Feinden der Blattläuse gehören die Larven der Florfliegen, z.B. des Goldauges. Auch die Ameisen, die den Honigtau der Blattläuse saugen, können sie nicht retten. Die Larven tarnen sich, indem sie Reste der Blattläuse auf ihrem Rücken festhaken.

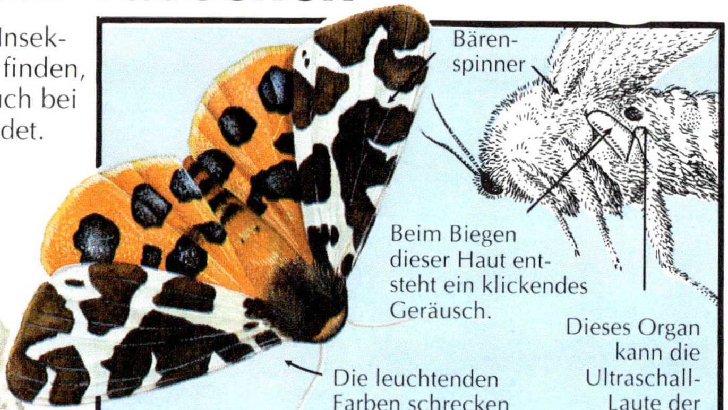

Geräusche der Nacht

Der widerlich schmeckende Bärenspinner erzeugt nachts sehr hohe Töne, die von Fledermäusen wahrgenommen werden – und diese machen um den Spinner einen großen Bogen. Das nutzt der Eulenfalter aus: Er macht ebenfalls solche Geräusche und ist damit vor den Fledermäusen sicher.

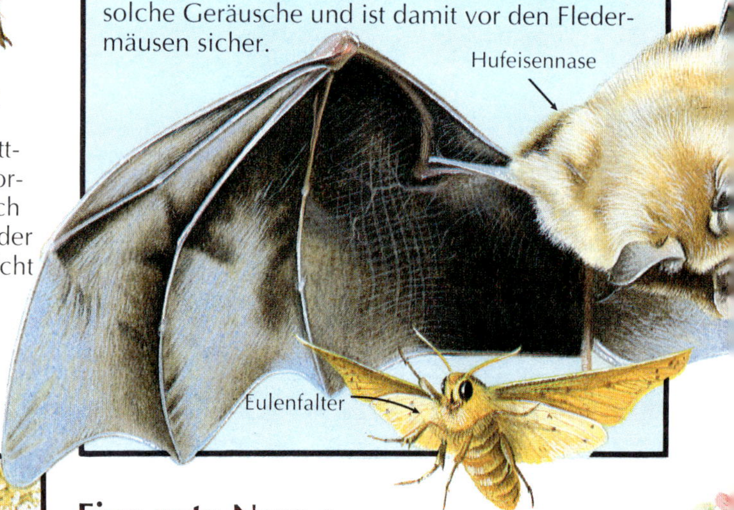

Lockruf aus der Tiefe

Maulwurfsgrillen leben in Gängen im Erdboden, die sie mit den Beinen graben. Auch die Paarung findet hier statt. Zu dieser Zeit sind die trillernden Lockrufe der Männchen weithin zu hören.

Eine gute Nase ▶

Die Fühler vieler Insekten sind einer Feder ähnlich. Sie sind mit einer sehr großen Anzahl von Sinneszellen besetzt und werden als Geruchsorgan benutzt. Auch als empfindliche Tastorgane können die Fühler dienen, außerdem tauschen die Insekten mit ihnen Informationen aus.

Heuschrecken-Gesang ▶

Heuschrecken erzeugen ihren Gesang mit einem »Kamm«, den sie an einer verstärkten »Kante« entlangziehen. Damit locken sie die Weibchen an.

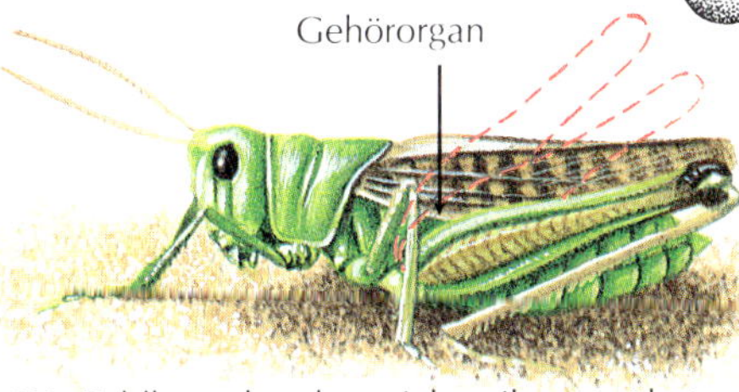

Die Feldheuschrecken ziehen ihre gezähnten Hinterbeine an den Flügeln entlang, ihre Gehörorgane liegen an den Körperseiten.

Bei der Feldheuschrecke werden die Zähnchen der Schrilleiste wie ein Kamm an der Längsader der Vorderflügel vorbeigezogen.

Beim Zirpen streicht die Schrillader des einen Flügels über die Schrillkante des anderen.

Die Gehörorgane befinden sich an den Vorderbeinen.

Laubheuschrecken, Grillen und Sattelschrecken (siehe Titelbild) haben Zirporgane an den Rändern der beiden Vorderflügel.

Der Tanz der Bienen ▼

Im Bienenstock teilt eine Arbeiterin den anderen eine günstige Nahrungsquelle mit. Sie tanzt in ganz bestimmten Figuren und zeigt dadurch die Richtung und Entfernung der Blüten an.

Der Rundtanz zeigt an, daß die Nahrung weniger als 80 m entfernt ist. Je reicher das Futter ist, um so länger dauert der Tanz. Auch der Duft der Blüten wird weitergegeben.

Der Schwänzeltanz zeigt an, daß die Nahrung weiter als 80 m entfernt ist. Läuft die Biene tänzelnd die Wabe hinauf, so bedeutet das, daß die Nahrung zwischen Einflugloch und Sonne liegt. Liegt sie in einem bestimmten Winkel zu Einflugloch und Sonne, so läuft die Biene im gleichen Winkel auf der Wabe.

Mit den federförmigen Fühlern kann das Männchen die Duftstoffe des Weibchens über mehrere Kilometer hinweg riechen.

Niemand weiß, warum die Fühler so lang sind.

In Leben und Tod vereint

Viele Insekten schmarotzen auf anderen Insekten oder auch auf Pflanzen. Manche schleichen sich in die Nester der Ameisen oder Bienen ein, andere halten sich »Haustiere« und lecken den Honigtau der Blattläuse. Manchmal bildet sich zwischen den Partnern eine für beide günstige Lebensgemeinschaft, meist endet aber die Gemeinschaft damit, daß der Schmarotzer seinen Wirt schädigt oder sogar verzehrt.

Über 100 Nachtfalter von sieben verschiedenen Arten hat man im Fell eines Faultieres gefunden.

Spezialtransport ▼

Die Dasselfliege klebt im Flug ihre Eier an Stechmücken fest. Innerhalb weniger Tage entwickeln sich daraus Larven, die auf den Menschen übertragen werden. Sie bohren sich in die Haut ein und erzeugen schmerzhafte Beulen.

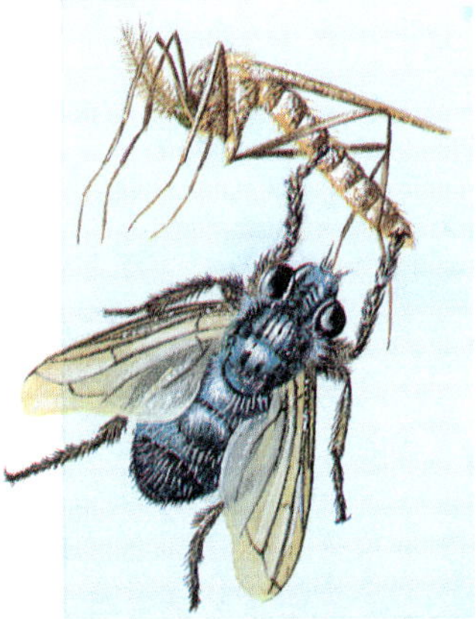

Das Weibchen einer Dasselfliege klebt 15 - 20 Eier an der Stechmücke fest.

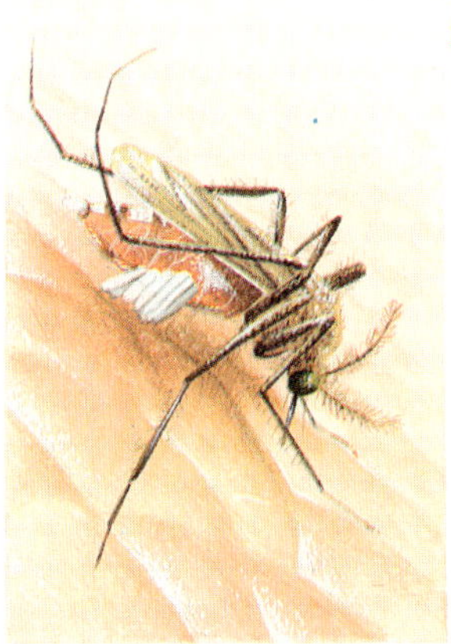

Wenn die Stechmücke einen Menschen sticht, siedeln die Larven auf dessen Haut über.

Falter und Faultier ▲

Faultiere hängen fast ihr ganzes Leben lang an Baumästen. Ihr Fell ist von Algen grünlich gefärbt und wird von vielen Faltern bewohnt. Von seinem Kot leben verschiedene Raupen. Ab und zu kommt das Faultier auf den Boden. Da es sich nur langsam und niemals weit von »seinem« Baum entfernt, hat es keine Schwierigkeiten, ihn wieder zu finden.

◄ Schön, aber schmerzhaft

Die ungeflügelten Weibchen der Ameisenwespen sehen einer Ameise ähnlich. Sie bauen keine eigenen Nester, sondern schmarotzen bei anderen Stechwespen. Sie legen Eier am Gelege einer einzeln lebenden (solitären) Wespe ab, und die ausschlüpfende Larve frißt ihren Wirt auf. Diese Wespen sind bunt gefärbt und wegen ihres schmerzhaften Stiches gefürchtet.

Moosgallen ▶

An Wildrosen findet man oft nestförmige Gebilde. Es handelt sich dabei um Moosgallen, die von einer Gallwespe erzeugt werden. Sie legt ihre Eier in einer Knospe ab, und der Strauch reagiert darauf mit der Ausbildung dieser Galle. Zuweilen werden die Larven wiederum von einer Schlupfwespe befallen, deren Larve sich von der Gallwespe ernährt.

Diese Gallwespe bildet die Moosgallen an Rosen.

Larven der Gallwespe in der Moosgalle

Springschwänze reiten auf den Soldaten des Termitennestes.

Schmarotzer schmarotzt bei Schmarotzer

Der Mexikanische Bohnenkäfer wird in Nordamerika als großer Schädling angesehen. Er wird von einer Raupenfliege befallen, auf der wiederum eine Schlupfwespe schmarotzt.

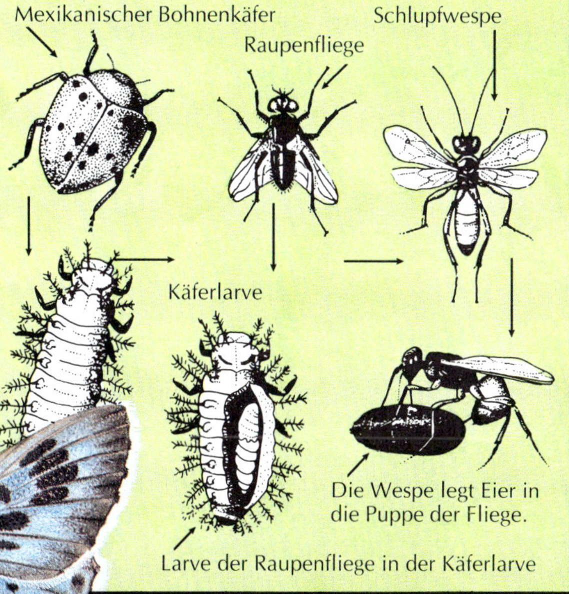

Ein beliebter Geruch ▼

Die Raupen des Arion-Bläulings leben an Thymianpflanzen und geben einen Stoff ab, den die Roten Waldameisen gern fressen. Sie tragen deshalb die Raupen in ihr Nest, wo sich diese auch verpuppen.

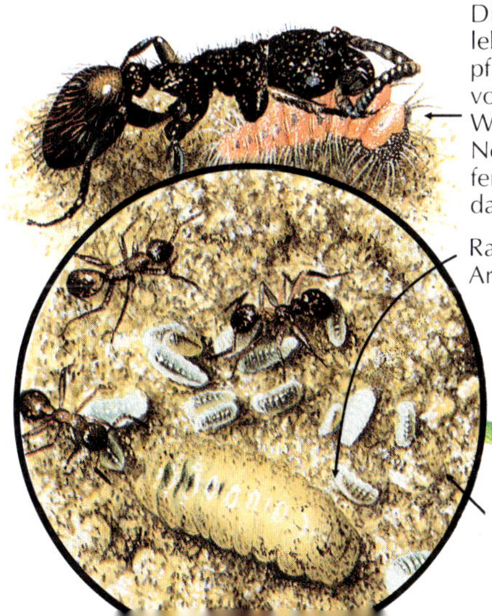

Die kleinen Raupen leben auf Thymianpflanzen. Sie werden von der Roten Waldameise in ihr Nest geschleppt. Der fertige Falter verläßt das Nest.

Raupe des Arion-Bläulings

Nest der Roten Waldameise

Arion-Bläuling

Reisende und Anhalter

Viele Insekten führen jedes Jahr lange Wanderzüge durch. Manche werden durch andere Tiere oder durch den Menschen weit verbreitet.

Eine weite Reise

Der amerikanische Monarchfalter fliegt im Frühjahr nordwärts bis nach Kanada und kehrt im Herbst in seine Winterquartiere zwischen Kalifornien und Florida zurück. Nur ganz bestimmte Orte werden von ihm aufgesucht, hier sitzen die Falter zu Tausenden an Bäumen und an Häusern. In Nordmexiko wurde 1975 ein Platz von 125 m Durchmesser entdeckt, an dem schätzungsweise 14 Millionen Falter saßen.

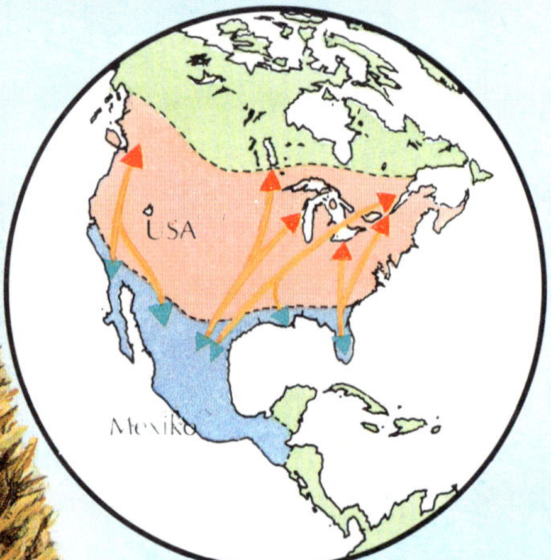

Die Karte zeigt, wo sich die Monarchfalter im Sommer (rosa) und im Winter (blau) aufhalten. Die Pfeile geben die Wanderwege an. Insgesamt legt der Falter auf diese Weise 4 000 km zurück.

← Die Monarchfalter lassen sich nieder, sobald die Temperatur unter 15° C fällt.

▲ Holzbohrer

Die Weibchen der Riesenholzwespe verwenden den kräftigen Legebohrer, um ihre Eier tief im Holz abzulegen. Oft suchen sie dafür gefällte oder abgestorbene Nadelbäume aus. Die Larven brauchen zu ihrer Entwicklung etwa 3 Jahre. Die ausgewachsenen Tiere verlassen das Holz und fliegen umher.

Überraschender Besuch ▶

Im Garten des Buckingham-Palastes wurde in einer Sommernacht ein Nachtfalter gefangen, der bisher in England nicht vorgekommen war. Seine Raupen verzehren die Blütenknospen verschiedener Pflanzen. Es ist nicht auszuschließen, daß das Tier als Puppe oder Falter unabsichtlich von einem ausländischen Gast mitgebracht worden ist.

Der größte Schwarm der Wüsten-Wanderheuschrecke bedeckte 5 180 km².

Schmetterlingsschwärme ▶

In den trockeneren Gebieten Afrikas gibt es viele Weißlinge, die zu Beginn der Trockenzeit in großen Schwärmen davonfliegen, wenn es für die Raupen keine Nahrung mehr gibt. In Ostafrika hat man Schwärme beobachtet, die schätzungsweise 500 Millionen Tiere in einem 24 km breiten Band umfaßten. Zuweilen weht es einen solchen Schwarm auf das Meer hinaus, und die toten Tiere werden dann am Strand angeschwemmt.

Zugvögel

Im Herbst fliegen große Schwärme der Heidelibelle über Frankreich nach Süden. Sie überqueren die Pyrenäen und tauchen plötzlich in Spanien und Portugal auf. Niemand weiß genau, welche Wege sie dabei nehmen. Im Frühjahr ziehen sie wieder nach Norden und erreichen dabei nicht nur Nordfrankreich, sondern auch Südostengland.

Heidelibelle

▼ Heuschreckenplage

Von Zeit zu Zeit treten in Afrika riesige Schwärme der Wüsten-Wanderheuschrecke auf. Das Gebiet, das sie befallen können, beträgt etwa 26 Millionen km². Es reicht von Westafrika bis Indien und von der Türkei bis Tansania. Ein einziger Schwarm kann an einem Tag 80 000 t Pflanzenteile verzehren.

Die Raupen werden mit Blättern des Maulbeerbaumes gefüttert. Die Puppe spinnt sich in einen Kokon ein und erzeugt dazu einen 900 m langen Faden.

Haustiere ▲

Der Maulbeerspinner - auch Echter Seidenspinner genannt - wurde schon vor 4 000 Jahren in China gezüchtet. Die Tiere können nicht mehr in der freien Natur leben, da sie flugunfähig sind.

In China wurde das Geheimnis der Seidenherstellung lange gewahrt. Eine Geschichte berichtet, daß eine chinesische Prinzessin vor 1 600 Jahren die Eier des Seidenspinners in ihrer Frisur verbarg, als sie zur Heirat nach Indien zog.

Weltbürger

Insekten gibt es überall auf der Welt, ob in den tropischen oder in den arktischen Gebieten, ob in der Wüste, im Süßwasser oder im Meer. Sie haben sich jedem Lebensraum angepaßt.

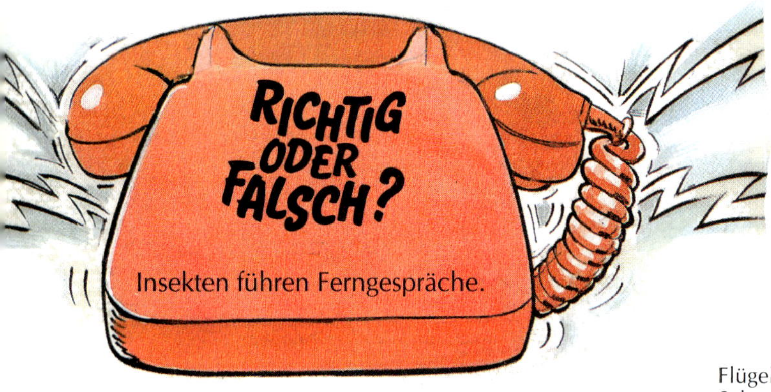

Tautropfen ▶

Ein Schwarzkäfer der Gattung Onymacris lebt im trockensten Teil der Namibwüste in Namibia. Während der Nacht ziehen hier Wolken vom Meer über das Land, aber es regnet nicht. Dann stellt sich der Schwarzkäfer kopfüber auf dem Kamm einer Düne auf. Die Nebelschwaden schlagen sich an seinem Körper nieder, und die Flüssigkeit tröpfelt in seinen Mund.

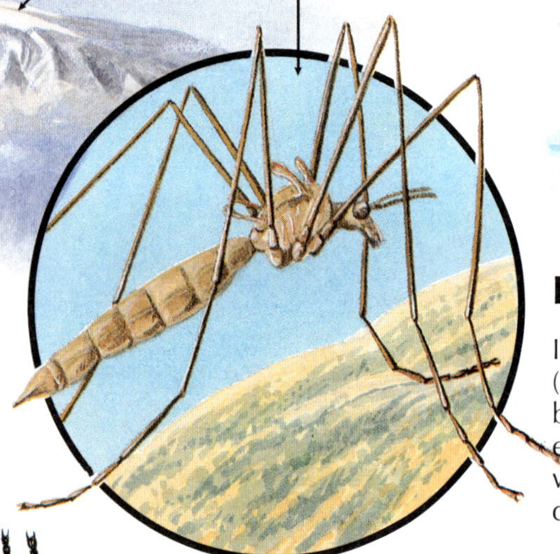

Auf dem Dach der Welt ▶

Am Kilimandscharo gibt es in etwa 5 000 m Höhe eine öde, windgepeitschte, eisige Wüste, in der nur wenige Pflanzen wachsen. Dennoch finden sich hier Ohrwürmer, Falter, Käfer, Schnaken und Heuschrecken. Viele haben verkümmerte Flügel und werden deshalb nicht so schnell davongeweht.

Ein heißes Bad ▶

Im Yellowstone-Nationalpark (USA), der durch seine Geysire bekannt ist, leben die Larven einer Großlibelle in 40° C warmem Wasser, ohne Schaden zu nehmen.

Diese Schaben pressen Luft durch ihre Atemröhren und erzeugen dabei pfeifende Geräusche.

Schaben fressen alles, ob Bucheinband oder Film, ob Leinenstoff oder Nahrungsmittel. Was sie übrig lassen, wird mit ihrem widerlich stinkenden Kot verunreinigt.

Allesfresser

In tropischen Gebieten sind die Schaben weltweit verbreitet. Sie haben sich auch in den Wohnungen der Menschen breit gemacht und fressen alles, was von Pflanzen oder Tieren stammt. Deshalb kommen sie heute fast überall vor.

Diese höhlenbewohnende Schabe auf der Insel Trinidad ernährt sich von Kot.

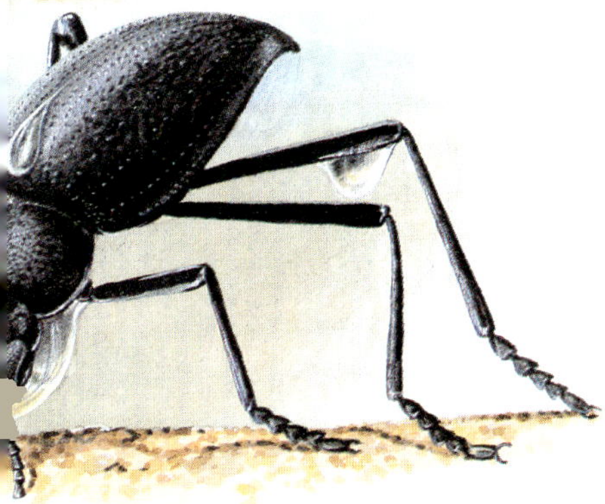

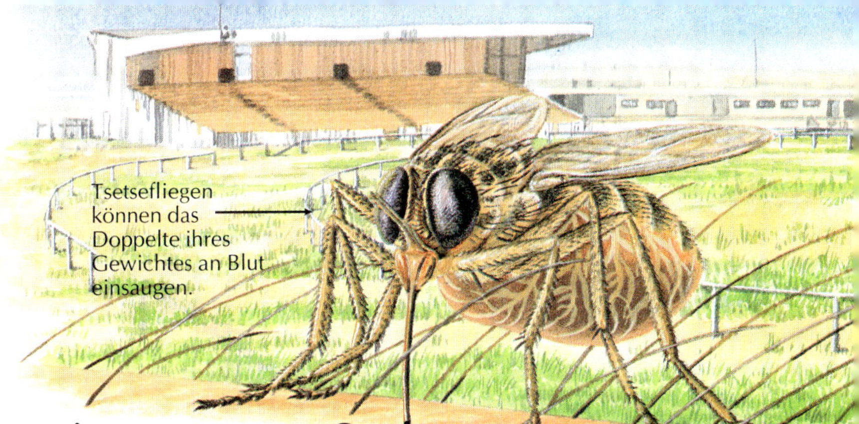

Ein unerwarteter Gewinner ▲

Als um 1850 in großen Teilen Westafrikas die Wälder gelichtet wurden, konnte sich die Tsetsefliege von der Savanne bis zur Küste ausbreiten. Sie saugt ausschließlich Blut von Säugetieren. Dabei überträgt sie beim Menschen die gefährliche Schlafkrankheit und bei Tieren die verheerende Naganaseuche. In Freetown (Sierra Leone), einst ein bedeutender Platz für Pferderennen, mußte die Rennbahn wegen der Seuche geschlossen werden.

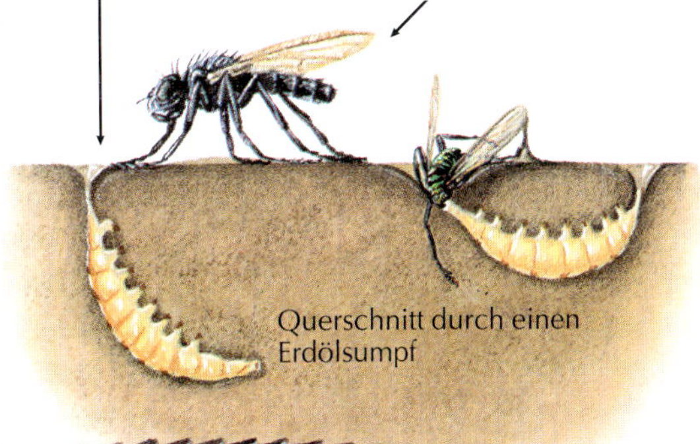

◄ Schwimmer im Öl

Die Larven der Petroleumfliege leben unterirdisch in den Erdölsümpfen Kaliforniens. Sie ernähren sich von Insekten, die in das Öl gefallen und erstickt sind. Obwohl sie dabei selbst viel Erdöl einsaugen, sterben die Larven nicht daran. Die geschlüpften Fliegen laufen vorsichtig über die Oberfläche, denn wenn ihre Flügel benetzt werden, können die Tiere nicht mehr fliegen.

Frostschutz ►

In der Arktis können manche Insekten Temperaturen von -60° C überstehen. Obwohl sie dabei gefrieren, werden die Zellen ihres Körpers nicht zerstört, denn die Eiskristalle werden zwischen den Zellen gebildet. Springschwänze, die in Moospolstern auf antarktischen Inseln leben, überstehen -38° C. In ihrer Körperflüssigkeit wirken Glycerol und andere Substanzen als Frostschutzmittel.

Wunderbare Insekten

◀ Genau getroffen

Der Pfeifenräumer gehört zu den Schlupfwespen. In der Tat ähnelt das Weibchen mit dem langen Legebohrer einem Pfeifenreiniger. Es legt seine Eier in der Larve einer Holzwespe ab. Bisher ist nicht bekannt, wie sie die Larve im Holz findet.

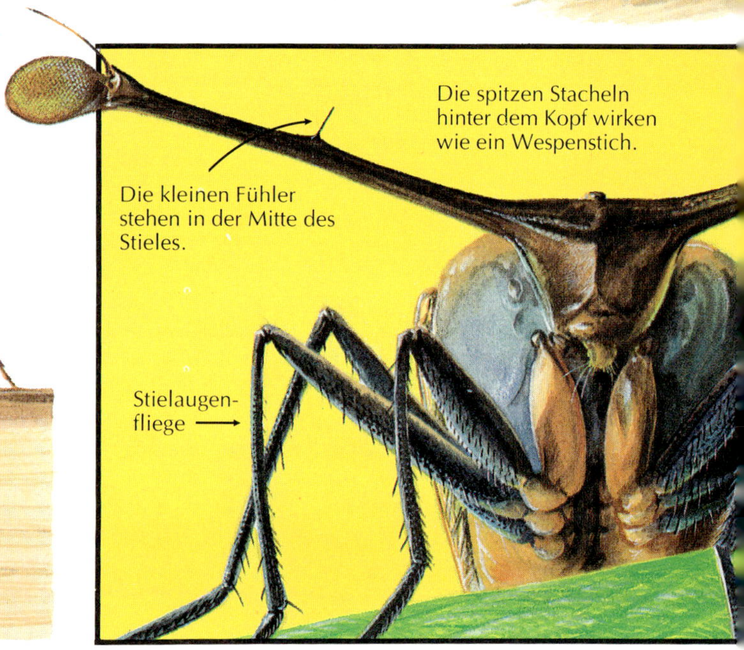

Die Geschichte von Samson ▼

In der Bibel wird von Samson berichtet, der einen Bienenschwarm und Honig im Körper eines Löwen fand, den er einige Zeit zuvor erlegt hatte. Vielleicht handelte es sich hierbei um Schwebfliegen, die im Aussehen die Honigbienen nachahmen. Sie legen ihre Eier tatsächlich manchmal in Aas ab, in dem sich dann die Larven entwickeln.

Laternenträger sind harmlose Zikaden, die sich von Pflanzensaft ernähren.

◀ Laternenträger

Der Laternenträger hat einen großen, blasenförmig aufgetriebenen Kopf. Früher nahm man zu Unrecht an, daß dieser leuchtet. Auch wenn die 10 cm lange Zikade einem Krokodil ähnelt, ist sie völlig ungefährlich.

Stielaugen

Warum stehen die Augen dieser Fliege auf langen Stielen? Niemand weiß es. Vielleicht ahmen die Tiere im Aussehen eine Wespe nach, und die Stiele entsprechen den Fühlern? Stielaugenfliegen sind in Afrika nicht selten, ihre Larven leben in Pflanzenstengeln oder sind Fäulnisbewohner.

Metallisch glänzender Prachtkäfer aus Malaysia

Nordamerikanischer Prachtkäfer

Ein Prachtstück

Zu den schönsten Insekten gehören die herrlich gefärbten Prachtkäfer. Ihre Larven leben meist in Bäumen, wo sie ihre Freßgänge anlegen. Die Flügeldecken der Käfer wurden zu Geschmeide verarbeitet und in der Stickerei benutzt. Früher wurden sogar lebende Käfer als Broschen getragen. Geröstete Larven mancher Käfer gelten als Delikatesse.

▼ Giraffenrüßler

Der Giraffenrüßler ist einer der auffälligsten Rüsselkäfer. Er kommt nur auf Madagaskar vor, und sein langer, dünner Kopf erinnert stark an den Hals einer Giraffe. Warum er diese Körperform hat, weiß bisher noch niemand zu sagen. Wenn der Käfer bedroht wird, läßt er sich fallen und stellt sich eine Zeitlang tot.

Der Käfer ist etwa 2,5 cm lang, allein der Kopf macht die Hälfte der Größe aus.

Was zischt denn da? ▶

Wenn sie Schritte hören, beginnen einige Termitenarten mit ihrem Hinterleib zu zittern. Da sie unter toten Blättern nach Nahrung suchen, raschelt das Laub, als ob sich eine Schlange unter ihm bewegt. Ob dadurch Tiere gewarnt werden sollen?

Rekordverdächtig

Der größte und der kleinste Tagfalter

Der Königin Alexandra-Vogelfalter aus Neuguinea hat eine Flügelspannweite von 28 cm, der afrikanische Kleine Bläuling nur 1,4 cm.

Das lauteste Insekt

Diesen Rekord halten wohl die Männchen der Zikaden. Sie haben am Hinterkörper Trommelorgane, deren Laute noch durch eine Tracheenblase verstärkt werden. Sie sind 400 m weit zu hören.

Die größte Vermehrungsrate

Wenn sich alle Nachkommen eines Fruchtfliegen-Pärchens weiter vermehren könnten, ergäben ihre Körper nach 25 Generationen (nach einem Jahr) eine Kugel, deren Durchmesser von der Erde bis zur Sonne reicht.

Killerbienen

Afrikanische Abkömmlinge der Honigbiene sind außerordentlich stechwütig. Sie haben sich in jüngerer Zeit weit ausgebreitet. Man berichtet, daß in Venezuela in den letzten drei Jahren 70 Menschen durch ihre Stiche getötet wurden. 1964 soll ein Mann im südlichen Afrika 2 200 Stiche überlebt haben.

Der schnellste Flug

Der Rekord wird einem Schwärmer zugeschrieben, der 53,6 km/h erreichte - allerdings mit Rückenwind. Wahrscheinlicher sind 28,57 km/h für eine Verwandte der Phönixlibelle.

Der schnellste Läufer

Schaben können sehr schnell und wendig laufen. Bei der großen tropischen Küchenschabe wurden bis 130 cm/s ermittelt, das sind etwa 4,6 km/h.

Der größte Verwandtschaftskreis

Unter den mehr als eine Million Insekten bilden die Käfer die größte Gruppe. Zu den über 330 000 Käfern gehören auch die etwa 45 000 Rüsselkäfer.

Die kürzeste Lebenszeit

Blattläuse entwickeln sich in 6 Tagen und leben ausgewachsen 4-5 Tage. Manche Eintagsfliegen leben nur wenige Stunden nach dem Schlüpfen, aber ihre Entwicklung dauert ein Jahr.

Die älteste Insektengruppe

Zu den ältesten geflügelten Insekten gehören die Schaben. Von ihnen wurden Fossilien gefunden, die mehr als 350 Millionen Jahre alt sind.

Das größte Nest

Beim bisher größten Termitenhügel in Australien wurde eine Breite von 31 m und eine Höhe von 6,1 m gemessen. In Afrika war der höchste Hügel 12,8 m hoch, aber im unteren Teil nur 3 m breit.

Das gefährlichste Insekt

Die Fiebermücken (oder Moskitos) sind die gefährlichsten Insekten. Sie übertragen den Erreger der Malaria. Jährlich sterben über eine Million Menschen am »Wechselfieber«. Trotz aller Bekämpfung breitet sich die Krankheit weiter aus.

Das längste Insekt

Bei einer tropischen Stabschrecke wurde eine Körperlänge von 33 cm gemessen. Diese stabförmigen Tiere können nicht fliegen.

Das kleinste Insekt

Die Körperlänge einer Schlupfwespenart beträgt ganze 0,21 mm. Dieses winzige Tier schmarotzt auf den Eiern anderer Insekten.

Die größte Flügelspannweite

Der südamerikanische Eulenfalter Thysania agrippina hat normalerweise eine Flügelspannweite von 23 - 30 cm. Aber es gibt einzelne Exemplare, die bis zu 36 cm erreichen.

Die längste Lebensdauer

Man nimmt an, daß die Königinnen einiger Termitenarten bis zu 50 Jahre alt werden. Die beobachtete Lebensdauer beträgt allerdings nur 15 Jahre. Bei manchen Prachtkäfern dauert die Entwicklung der Larve 30 - 40 Jahre.

Das süßeste Insekt

In einer Obstplantage können auf einer Fläche von 100 x 100 m fünf Milliarden Blattläuse leben. Sie geben täglich bis zu 2 t Zucker in Form von Honigtau ab.

Der schnellste Flügelschlag

Die winzige Mücke Forcipomyia bewegt ihre behaarten Flügel 62 700mal in der Minute und teilt brennende Stiche aus.

Das schwerste Insekt

Der stark gepanzerte afrikanische Goliathkäfer kann bis zu 100 g schwer werden. Damit ist er zugleich das schwerste flugfähige Insekt.

Richtig oder falsch?

Seite 5: Erdhummeln haben eine eingebaute Zentralheizung.
Richtig: Hummeln können eine Temperatur von 30 - 37° C aufrechterhalten, wenn die Außentemperatur absinkt. Die Wärme wird in der Flugmuskulatur erzeugt.

Seite 7: Auf Zebras leben schwarzweiß gestreifte Fliegen.
Falsch: Die Fliegen an Zebras zeigen keine Tarnfarben.

Seite 9: In Afrika gibt es Fliegen, die sich von Menschen ernähren.
Richtig: Die Maden der afrikanischen Tumbufliege bohren sich in die Haut der Menschen ein und erzeugen schmerzhafte, offene Beulen.

Seite 11: Marienkäfer beißen, wenn sie gestört werden.
Falsch: Wenn sie angefaßt werden, scheiden die Marienkäfer als Abwehr eine Flüssigkeit aus den Beingelenken ab - den sogenannten Blutwehrsaft. Empfindliche Haut kann dadurch gereizt werden.

Seite 13: Gemeinsam locken zirpende Grillen viele Weibchen an.
Richtig: Die Männchen einer nordamerikanischen Grillenart bilden Gruppen, um die Weibchen gemeinsam anzulocken. Manche Männchen zirpen nicht, aber gesellen sich hinzu und finden eine Partnerin.

Seite 15: Schmetterlinge leben nur einen Tag.
Falsch: Viele Schmetterlinge leben mehrere Monate, manche überwintern sogar und erweisen sich in jedem Entwicklungsstadium, ob als Ei, Raupe, Puppe oder Falter, als sehr kältefest.

Seite 16: Bienen bereiten ihrer Königin besondere Speisen zu.
Richtig: Die Arbeiterinnen der Honigbiene stellen einen besonderen Futtersaft her, der nur an die zukünftige Königin verfüttert wird.

Seite 21: Grillen messen ihre Temperatur.
Teilweise richtig: Je wärmer es ist, desto lebendiger werden die Tiere und desto mehr Laute geben sie von sich.

Seite 23: Springschwänze reiten auf den Soldaten des Termitennestes.
Richtig: In Afrika gibt es eine Springschwanzart, die auf dem Kopf von Termiten-Soldaten lebt und dort ihre Nahrung schnappt.

Seite 25: Einzeln lebende Bienen transportieren Käfer.
Richtig: Die Larven mancher Ölkäfer und Blasenkäfer laufen auf den Blüten umher und halten sich an Bienen fest. Sie werden in das Nest der einzeln lebenden Biene getragen, wandern in die Brutkammer und verzehren das Ei mitsamt den Vorräten.

Seite 26: Insekten führen Ferngespräche.
Falsch: Termiten dringen zuweilen in unterirdisch verlegte Telefonkabel ein, aber nicht zum Telefonieren! Sie fressen das Isoliermaterial an, Wasser dringt ein, und das Kabel funktioniert nicht mehr.

Seite 29: Maden helfen dem Arzt.
Teilweise richtig: Während des 1. Weltkrieges experimentierten Chirurgen mit Maden der Grünen Schmeißfliege, die unter sterilen Bedingungen aufgezogen waren, um entzündete Wunden zu säubern.

Register

mit Spaß ENTDECKEN

Sachbücher für Kinder und Jugendliche

ISBN 3-7607-4516-4

ISBN 3-7607-4517-2

ISBN 3-7607-4518-0

ISBN 3-7607-4509-1

ISBN 3-7607-4510-5

ISBN 3-7607-4511-3

ISBN 3-7607-4512-1

ISBN 3-7607-4533-4

ISBN 3-7607-4534-2

ISBN 3-7607-4522-9

ISBN 3-7607-4523-7

ISBN 3-7607-4531-8

ISBN 3-7607-4532-6

mit Spaß

ENTDECKEN

Sachbücher für Kinder und Jugendliche

ISBN 3-7607-4540-7

ISBN 3-7607-4541-5

ISBN 3-7607-4542-3

ISBN 3-7607-4543-1

ISBN 3-7607-4544-X

ISBN 3-7607-4545-8

ISBN 3-7607-4552-0

ISBN 3-7607-4524-5

ISBN 3-7607-4546-6

ISBN 3-7607-4538-5

ISBN 3-7607-4547-4

ISBN 3-7607-4525-3

ISBN 3-7607-4539-3

ISBN 3-7607-4548-2